Frédéric Chopin
(1810-1849)

Études

für Klavier · for piano · pour piano

Urtext

INDEX

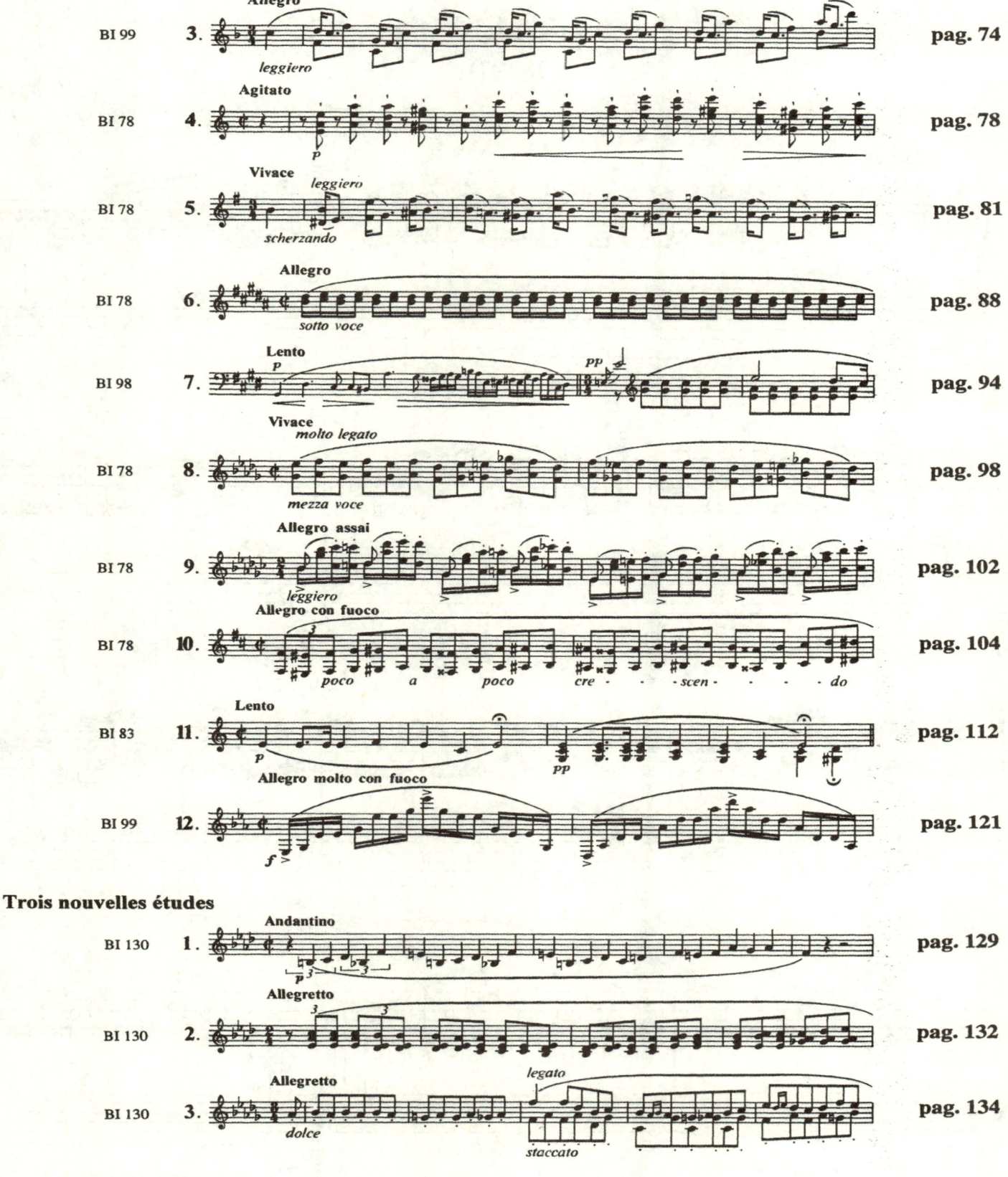

Dédiées à son ami F. Liszt

Études
Op. 10

Op. 10, No. 1
Brown-Index 59
1830

Op. 10, No. 4
Brown-Index 75
1832

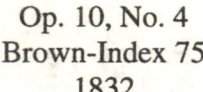

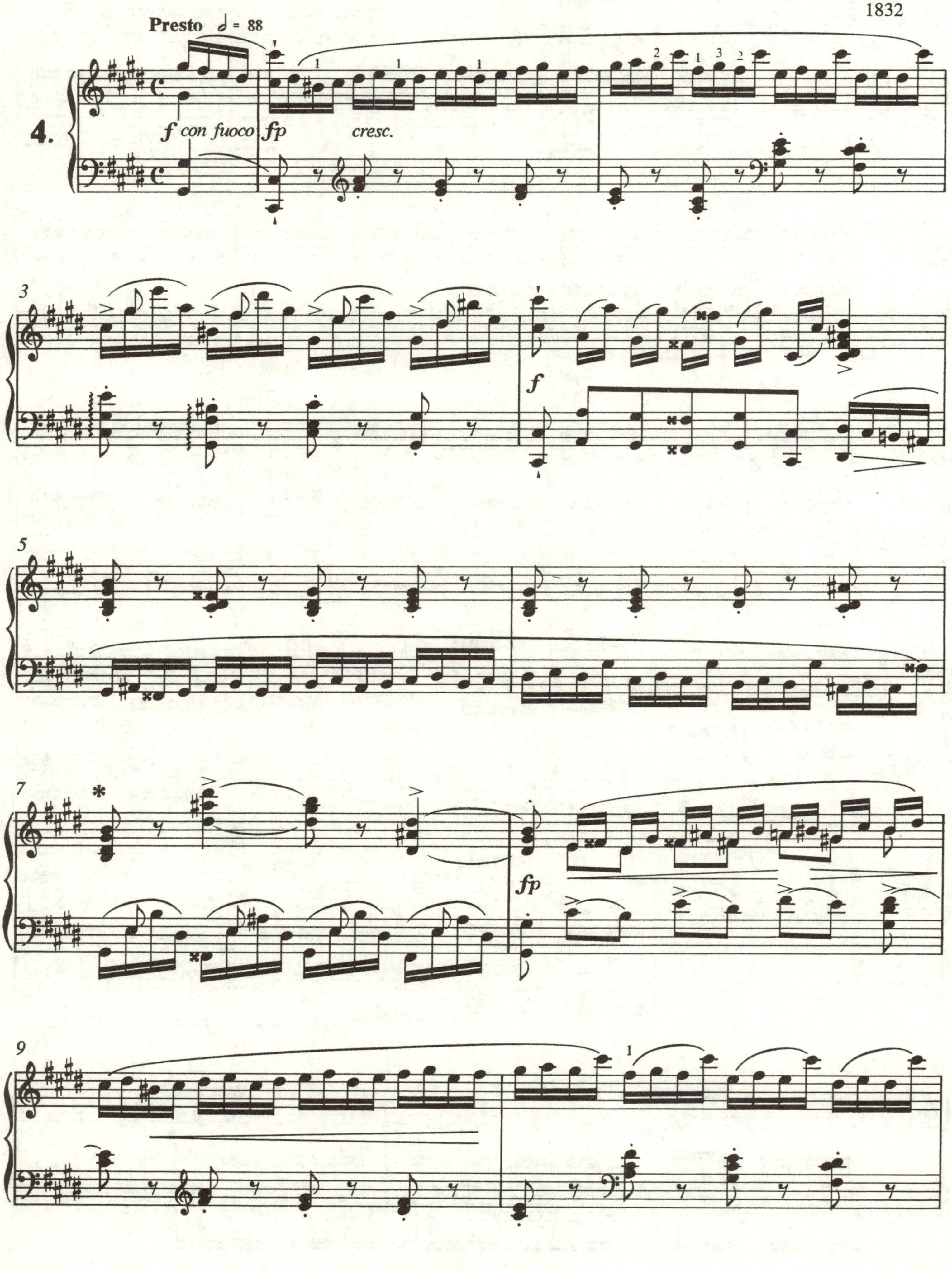

Op. 10, No. 10
Brown-Index 42
1829

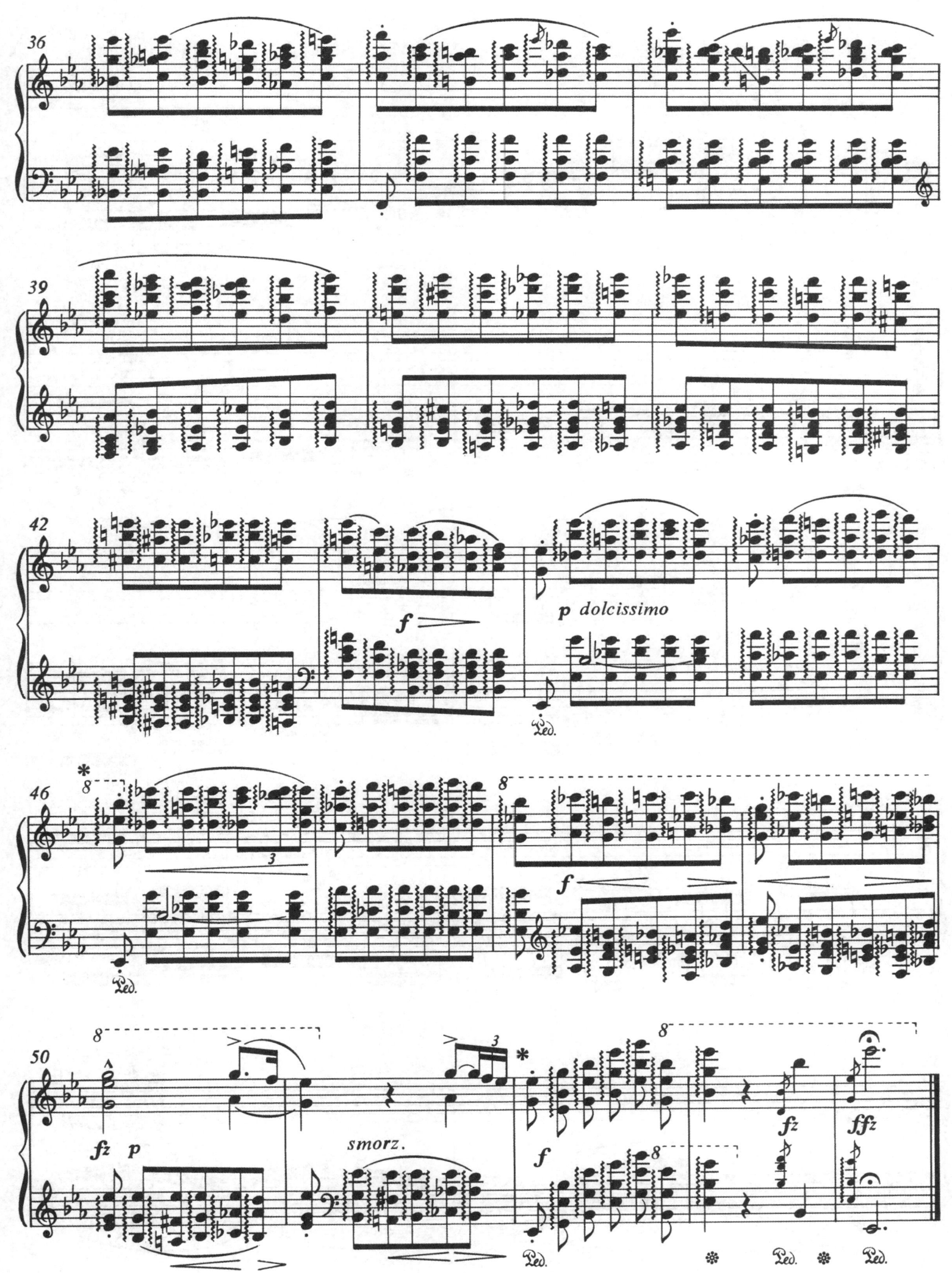

Op. 10, No. 12
Brown-Index 67
1831

Dédiées à Madame la Comtesse d'Agoult

Études
Op. 25

Op. 25, No. 1
Brown-Index 104
1836

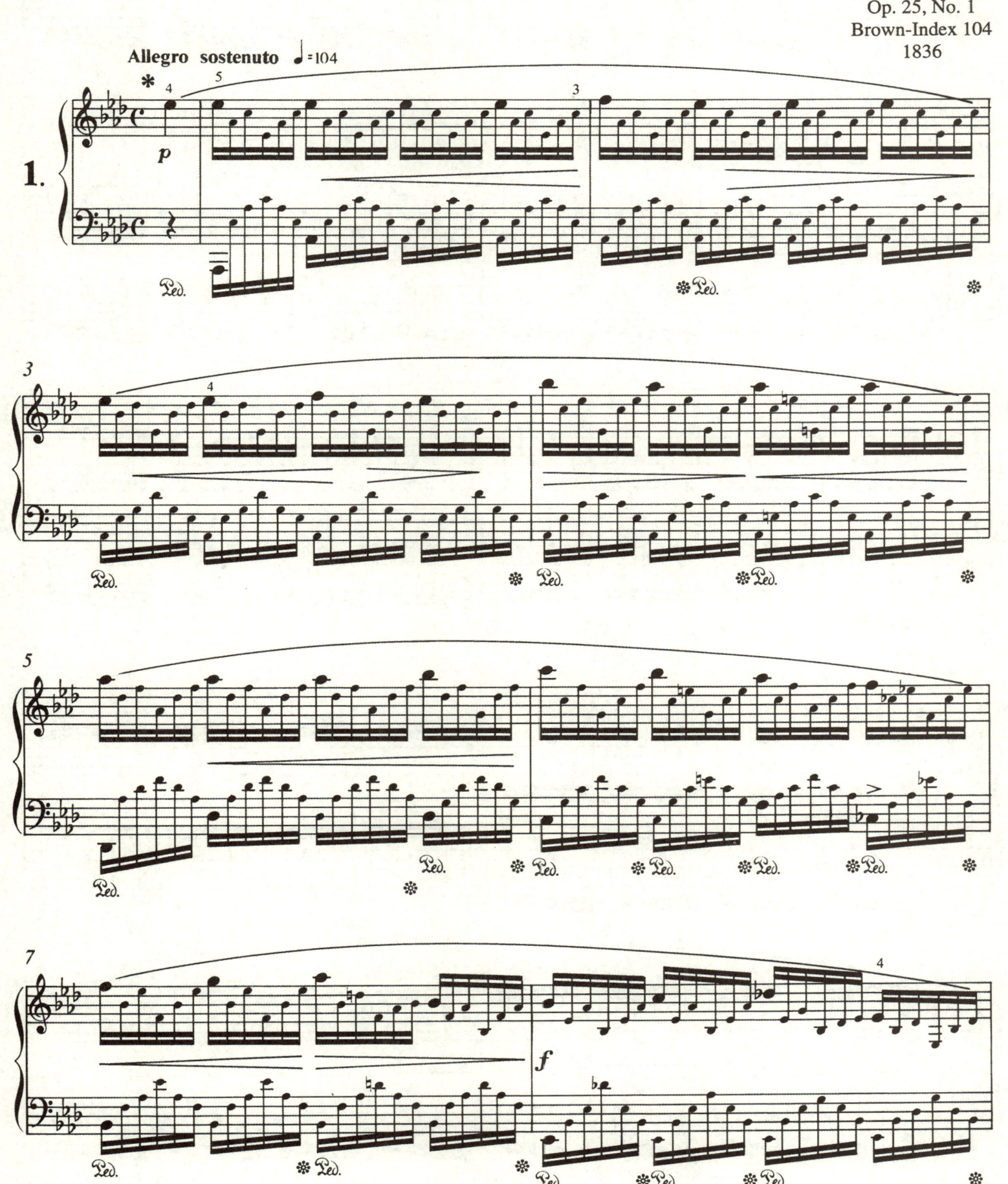

Op. 25, No. 3
Brown-Index 99
1836

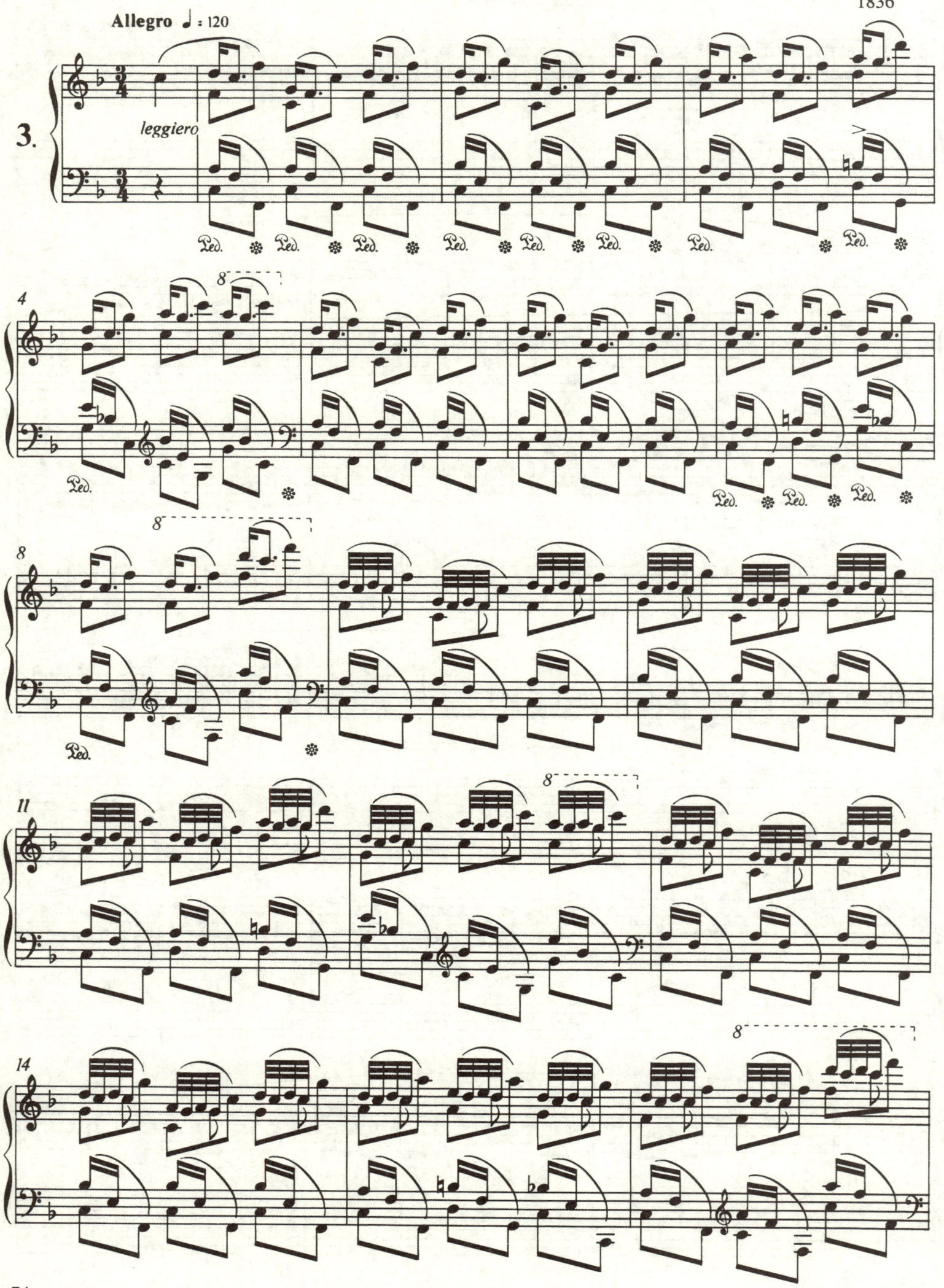

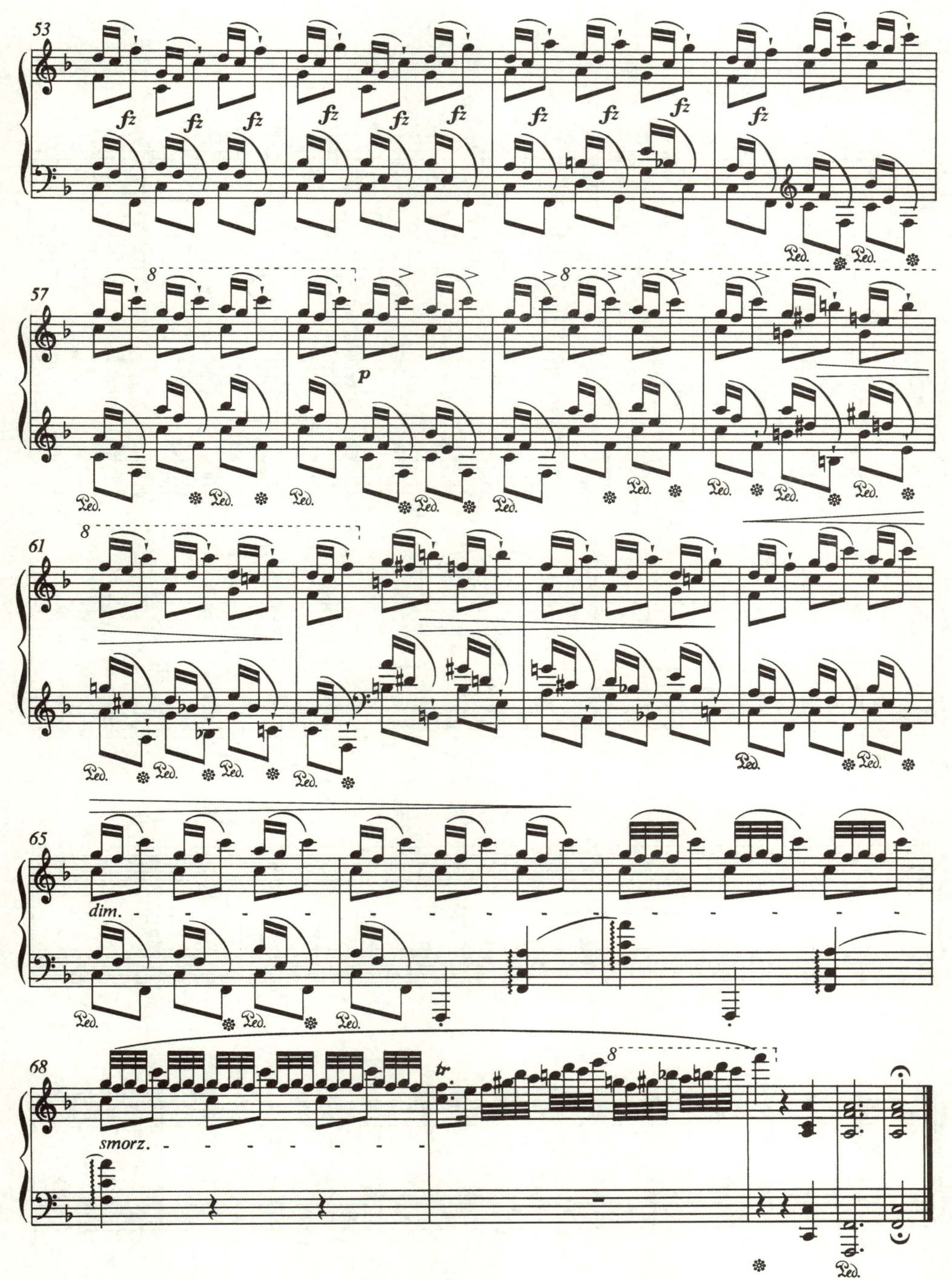

Op. 25, No. 4
Brown-Index 78
1832-34

K 119

91

Op. 25, No. 7
Brown-Index 98
1836

Op. 25, No. 8
Brown-Index 78
1832-34

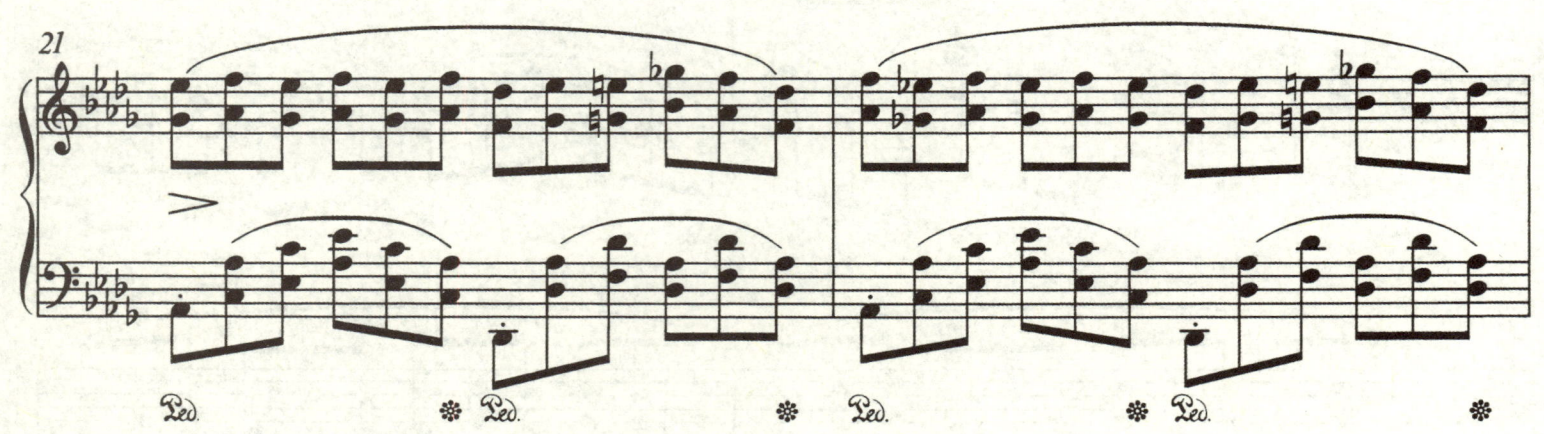

Op. 25, No. 10
Brown-Index 78
1832-34

Op. 25, No. 11
Brown-Index 83
1834

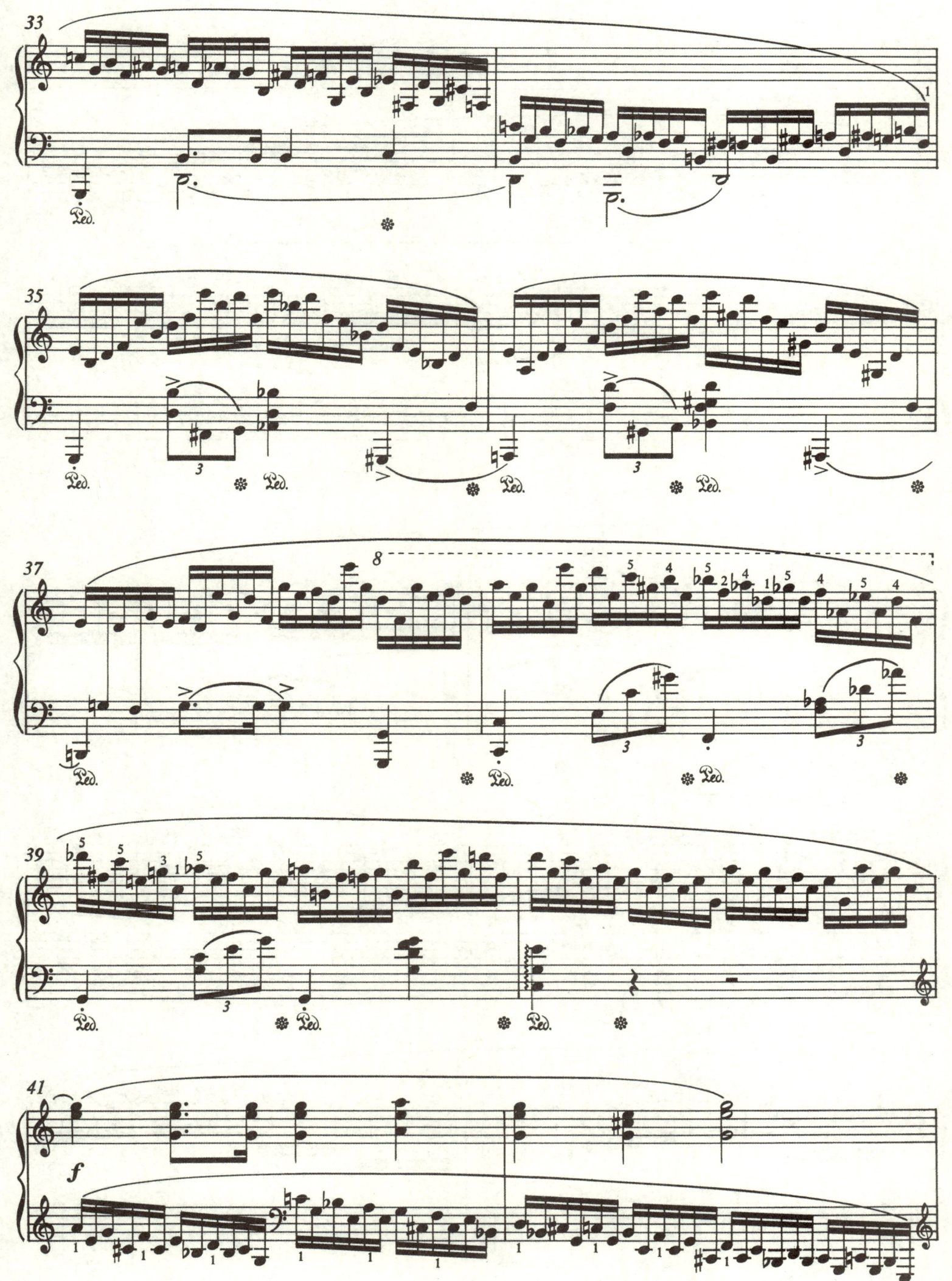

K 119

117

Op. 25, No. 12
Brown-Index 99
1836

Trois nouvelles études

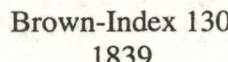

MUSICA PIANO

OVER 25.000 PAGES OF PIANO MUSIC SHEETS ONLINE

Bach, Beethoven, Brahms, Chopin, Czerny, Debussy, Gershwin, Dvořák, Grieg, Haydn, Joplin, Lyadov, Mendelssohn-Bartholdy, Mozart, Mussorgsky, Purcell, Schubert, Schumann, Scriabin, Tchaikovsky and many more

KÖNEMANN

© 2016 koenemann.com GmbH
www.koenemann.com

Editor: Gábor Csalog
Responsible co-editor: Tamás Záskaliczky
Technical editor: Dezső Varga
Engraved by Kottamester Bt., Budapest

ISBN 978-3-7419-1441-6

Printed in Spain by LitoStamp